ALAIN TOPUZOGLU

J'APPRENDS LE TAEKWONDO

Tae Kwon Do

Salut les copains et copines, cette année je commence le taekwondo.

C'est un art martial coréen, et je m'entraîne à apprendre des mouvements techniques avec mon maître puis mes copains et copines du club.

Il y a plein de technique avec les mains et les pieds. On apprend à faire des blocages pour bloquer les attaques et aussi à faire des attaques tout en s'amusant pendant le cours avec respect et discipline en même temps.

je vais te parler un peu de l'histoire du taekwondo, ses régles et j'avais envie aussi de partager et de te montrer avec mes 2 amis VAMEA et ELA quelques techniques de blocages et d'attaques pour s'amuser tous ensembles.

L'HISTOIRE DU TAEKWONDO

C'est quoi le Taekwondo

Le taekwondo, tel que nous le connaissons est un art martial récent mais il est constitué de plusieurs arts martiaux dont certains sont très anciens en Corée.

Ces arts martiaux étaient notamment le Subak et le Taekyon.

Les arts martiaux ont connu un déclin de leur importance militaire. Ils ont continué cependant à être pratiqués et enseignés dans les monastères bouddhistes.

Pendant l'occupation japonaise (1910 à 1945), les arts martiaux coréens sont interdits. Les japonais introduisent leurs propres arts martiaux, le karaté et le judo.

Après la guerre, dans la nouvelle République de Corée (1945), la volonté des dirigeants est de remplacer les pratiques martiales d'origine chinoise et japonaise autour d'un art martial totalement coréen, héritier du Subak et du Taekyon.

L'unification n'est pas facile mais le Taekwondo est créé en 1965.

La fin des années 60 voit l'expansion mondiale du Taekwondo. Il arrive en France grâce à maître Lee Kwan Young en 1969 et ne cesse de se développer depuis.

Art martial coréen pendant plus de vingt siècles sous le nom de Taekgyeon, le nom de Taekwondo n'a été proposé que le 11 avril 1955 par le Général CHOI HONG HI. le taekwondo, tout en conservant la tradition et l'esprit de l'art martial est devenu un sport qui compte de nos jours plus de 20 millions de pratiquants répartis dans plusieurs pays dont la France depuis 1969, par Maître LEE KWAN YOUNG.

Le taekwondo est inscrit au programme olympique, le combat est l'une des épreuves des JO depuis 1988 en démonstration et intègre les jeux olympiques en 2000.

Général Choi Hong Hi

Maître lee kwan young

Le TKD en France est régi par la FFTDA (fédération française de taekwondo et disciplines associées).

Le taekwondo est à la fois un art martial et un sport de combat.

Comme art martial, il demande le respect des règles et l'apprentissage de la perfection technique. En tant que sport de combat, il permet un engagement physique et mental.

Chacun, selon son âge , sa personnalité, y trouvera ce qu'il cherche.

LES VALEURS DU TAEKWONDO

- Fair-Play : "C'est accepter loyalement les règles"
- Humilité : "C'est reconnaître ses limites et ses capacités en faisant preuve de modestie"
- Loyauté : "C'est être fidèle à ses engagements, au respect des règles de l'honneur et à la probité"
- Maîtrise de soi : "C'est savoir se dominer, contrôler ses émotions"
- Persévérance : "C'est faire preuve de constance, de ténacité, d'acharnement"
- Respect : "C'est accorder à quelqu'un de la considération en raison de la valeur qu'on lui reconnaît. Il consiste à ne pas vexer, blesser moralement une personne"

태권도
TAE KWON DO

여의
COURTESY
Courtoisie

염치
INTEGRITY
Intégrité

인내
PERSEVERANCE
Persévérance

국기
SELF-CONTROL
Maitrîse de soi

백적불굴
INDOMITABLE SPIRIT
Esprit Indomptable

Où se situe la Corée

La Corée est un pays d'Asie de l'Est divisé depuis 1945 en deux États souverains et antagonistes, la Corée du Nord et la Corée du Sud, qui revendiquent la représentation de l'ensemble de la Corée. Le territoire de la Corée a des frontières terrestres avec la Chine et la Russie, une frontière maritime avec le Japon, et trois façades maritimes sur la mer Jaune à l'ouest, le détroit de Corée au sud et la mer du Japon à l'est que les Coréens appellent mer de l'Est. Il occupe une superficie de 220 258 km. La Corée s'étend principalement sur la péninsule de Corée, entourée de nombreuses îles ainsi que des terres situées entre l'isthme de Corée et les fleuves Yalou et Tumen.

La Corée est peuplée de plus de 75 millions d'habitants.

Le pratiquant de taekwondo est appelé un taekwondoïste. La salle d'entraînement est appelée un dojang. Il est possible de pratiquer le taekwondo quel que soit son âge. En tant que sport, il fait travailler l'endurance et la souplesse et augmente la force physique.

On appelle souvent ce sport la voie des pieds et des poings :

Tae = coup de pied,
Kwon = coup de poing,
Do = l'art / la voie / le mode de vie

Dobok : Tenue - Shijak : Commencez. Khiap : Cri.

Le dobok

Il s'agit du vêtement qui va permettre d'entraîner son corps et son esprit. Il est utilisé depuis plusieurs siècles dans la tradition coréenne, et c'est avec lui que l'on pratique le taekwondo. Le dobok est complètement fermée et elle possède un col en V. On l'enfile donc par la tête. Le pantalon est plus ample et plus léger afin d'effectuer des techniques de coup de pied complexes sans être gêné.

Le pantalon est maintenu par une ceinture. Cette dernière sera de couleur différente selon la progression du pratiquant.

Comme pour les habits traditionnels coréens, il y a une symbolique dans le dobok. On retrouve le cercle, le carré et le triangle. Le cercle correspond à la veste et symbolise le ciel, le carré au pantalon et symbolise la terre et enfin le triangle correspond à la ceinture et représente l'homme. C'est trois éléments sont la base de l'univers selon la coutume coréenne et ils se rejoignent pour former l'unité nommée « Han ». Le Dobok est d'ailleurs toujours blanc, symbole de cette unité.

J'APPRENDS À ATTACHER MA CEINTURE

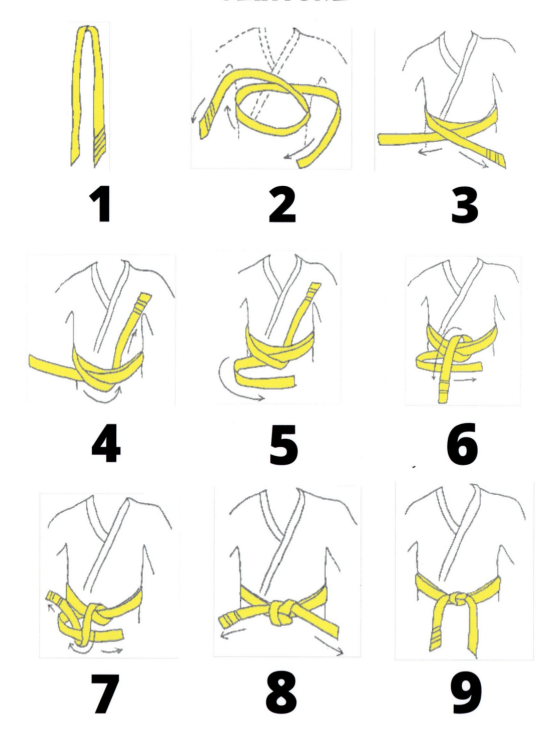

J'APPRENDS AUSSI À COMPTER JUSQU'À 10 EN CORÉEN

Les nombres coréens

1- 하나 hana
2- 둘 dul
3- 셋 set
4- 넷 net
5- 다섯 daseot
6- 여섯 yeoseot
7- 일곱 ilgop
8- 여덟 yeodeol
9- 아홉 ahop
10- 열 yeol

LES POSITIONS DE BASE
SEUGUI

Naranhi-seugui : Position pieds parallèles

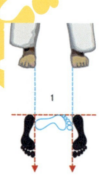

Ap-seugui : Position de marche

Ap-koubi : position longue

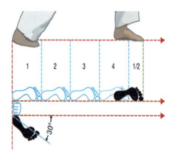

LES BLOCAGES

MAKI

LES BLOCAGES

Il existe plein de blocages en Taekwondo. En coréen les blocages s'appellent les MAKI.

Parfois on peux bloquer main ouverte ou avec la main fermée. Tu peux bloquer soit vers le bas, le milieu ou au dessus de la tête.

Quand mon maître me parle en coréen en disant le niveau de la hauteur il me dit :

Alé : C'est niveau bas
Montong : C'est niveau milieu
Eulgoul : C'est niveau haut

ALÉ MAKI

C'est un blocage qui commence par le haut et qui va vers le bas

Tu es en position préparatoire avant de commencer ton blocage.

Tu montes ta main gauche qui est fermée au niveau de ton épaule droite (ce mouvement s'appelle l'armement).

Et ensuite tu descends ta main gauche vers le bas.

Bien entendu tu peux faire cette technique avec la main droite également. Si tu fais cette technique la main ouverte on l'appelle han sonnal alé maki.

MONTONG MAKI

C'est un blocage niveau milieu

Tu es en position préparatoire avant de commencer ton blocage.

Tu armes en levant ton bras droit main fermée sur le côté pour préparer ton blocage circulaire.

Et ensuite tu fais un mouvement circulaire avec ton bras droit de l'extérieur vers l'intérieur en restant bien au milieu de ton axe et niveau milieu main fermée.

Bien entendu tu peux faire cette technique avec l'autre main également. Si tu fais cette technique la main ouverte on l'appelle han sonnal montong maki.

MONTONG BAKKAT MAKI

C'est un blocage niveau milieu avec le côté externe

Tu es en position préparatoire avant de commencer ton blocage.

Tu armes ta main droite fermée vers l'intérieur sur le côté pour préparer ton blocage circulaire.

Et ensuite tu fais une mouvement circulaire avec ton bras droit de l'intérieur vers l'extérieur en restant bien au milieu de ton axe et niveau milieu main fermée.

Bien entendu tu peux faire cette technique avec l'autre main également. Si tu fais cette technique la main ouverte on l'appelle han sonnal montong Bakkat maki.

EULGOUL MAKI

C'est un blocage niveau haut qui commence du bas et qui remonte au niveau de la tête

Tu es en position préparatoire avant de commencer ton blocage.

Tu armes ta main gauche fermée au niveau de ta ceinture sur ta hanche droite pour préparer ton blocage.

Et ensuite tu remontes ta main gauche au niveau de ta tête en gardant ton bras gauche fléchi et la main fermée.

Bien entendu tu peux faire cette technique avec l'autre main également. Si tu fais cette technique la main ouverte on l'appelle han sonnal eulgoul maki.

SONNAL MONTONG MAKI

C'est un double blocage main ouverte

Tu es en position préparatoire avant de commencer ton blocage.

Tu armes tes 2 mains ouvertes sur le côté vers l'arrière sur 2 niveaux différents (un bras en bas et l'autre au niveau de ton épaule).

Ensuite tu fais un mouvement circulaire en ramenant tes 2 mains ouvertes devant toi (ton bras qui était en bas va être en position milieu et celui qui était à ton épaule va se placer au niveau du macaron de ton dobok paume de la main vers le haut).

Tu peux faire cette technique avec les mains fermées et elle s'appelle Eut keuro montong maki.

BATANGSON MAKI

C'est un blocage avec la paume de la main

Tu es en position préparatoire avant de commencer ton blocage.

Tu armes ton bras droit fléchi sur le côté, main ouverte niveau épaule pour préparer ton blocage circulaire.

Ensuite tu fais une mouvement circulaire avec ton bras droit de l'extérieur vers l'intérieur en restant bien au milieu de ton axe et niveau milieu main ouverte.

Bien entendu tu peux faire cette technique avec l'autre main également.

LES ATTAQUES COUPS DE PIEDS

TCHAGUI

Les coups de pieds en Taekwondo, c'est la spécialité de cet art martial. Il y a des coups de pieds simples et des coups de pieds sautés. En coréen on appelle les coups de pieds les "TCHAGUI".

En ce moment j'apprends 3 coups de pieds avec mon maître :

Ap tchagui c'est un coup de pied de face.
Yop Tchagui c'est un coup de pied de côté.
Dolyo tchagui c'est un coup de pied circulaire.

AP TCHAGUI

Coup de pied de face

Tu es en position de garde.

Tu armes ta jambe droite en montant ton genou face à toi.

Une fois que ton genou est monté face à toi tu m'as plus qu'à déployer ta jambe pour frapper avec le bol du pied.

Tu peux faire ce coup de pied sur diffèrents niveaux : Alé, montong, eulgoul et bien entendu avec l'autre jambe

DOLYO TCHAGUI

Coup de pied circulaire

Tu es en position de garde.

Tu armes ta jambe droite en montant ton genou face à toi mais cette fois-ci tu pivotes légèrement ton corps pour être de profil.

Une fois que ton genou droit est monté tu n'as plus qu'à déployer ta jambe pour frapper en pivotant ton pied d'appui gauche de 120°degrés. Tu peux frapper soit avec le bol du pied ou le dessus du pied.

Tu peux faire ce coup de pied avec l'autre jambe et sur différents niveaux : Alé, montong, eulgoul.

YOP TCHAGUI

Coup de pied de côté

Tu es en position de garde.

Tu armes ta jambe droite en montant bien haut ton genou en étant de profil, pour aligner ton épaule droite avec ton bassin et ton pied droit sur la même ligne.

Une fois que ton genou droit est monté déploye ta jambe en frappant soit avec le talon ou le tranchant du pied tout en pivotant ton pied d'appui gauche de 180°degrés.

Tu peux faire ce coup de pied avec l'autre jambe et sur diffèrents niveaux : Alé, montong, eulgoul.

LES ATTAQUES HAUT DU CORPS

TCHIGUI JILEUGUI

Mais il n'y a pas que les coups de pieds en taekwondo tu peux aussi attaquer avec des techniques où tu peux utiliser le haut du corps.

Vamea et Ela vont te montrer quelques attaques avec les mains.

BANDE JILEUGUI

Coup de poing de face même bras que la jambe avant

Tu es en position préparatoire avant de commencer ton attaque.

Lorsque tu commences à avancer ton pied gauche tu prépares ton armement en avancement légèrement ton bras droit.

Puis en même temps tu tires fort en arrière ta main droite pour la ramener au niveau de ta ceinture et tu frappes avec ta main gauche bras tendu pour avoir le même bras et la même jambe en avant.

Tu peux faire ce coup de poing avec l'autre bras et sur différents niveaux : Alé, montong, eulgoul.

BARO JILEUGUI

Coup de poing de face bras opposé que la jambe avant

Tu es en position préparatoire avant de commencer ton attaque.

Lorsque tu commences à avancer ton pied gauche tu prépares ton armement en avancement légèrement ton bras gauche.

Puis en même temps tu tires fort en arrière ta main gauche pour la ramener au niveau de ta ceinture et tu frappes avec ta main droite bras tendu pour que le bras tendu soit à l'inverse de la jambe avant.

Tu peux faire ce coup de poing avec l'autre bras et sur différents niveaux : Alé, montong, eulgoul.

DEUNG JUMOK BAKKAT TCHIGUI

Coup de poing en revers

Tu es en position préparatoire avant de commencer ton attaque.

Tu armes ton attaque avec ta main gauche sur le côté vers l'intérieur.

Puis tu fais un mouvement circulaire avec ta main gauche pour frapper main fermée avec le revers de la main gauche.

Tu peux faire ce coup de poing avec l'autre bras et sur différents niveaux : Alé, montong, eulgoul.

PALKOUP DOLYO TCHIGUI

Coup de coude circulaire

Tu es en position préparatoire avant de commencer ton attaque.

Tu armes ton attaque avec ta main gauche en avançant et en pivotant légèrement tes épaules vers l'avant.

Puis en même temps tu tires fort en arrière ta main gauche pour la ramener au niveau de ta ceinture et tu frappes avec ton coude droit en faisant un mouvement circulaire pour que ton coude soit en face de toi.

Tu peux faire cette technique de coude avec l'autre bras et sur différents niveaux : Alé, montong, eulgoul.

HAN SONNAL JE BI POUM MOK TCHIGUI

Frappe du tranchant de la main niveau cou

Tu es en position préparatoire avant de commencer ton attaque.

Tu armes en levant ton bras droit main ouverte sur le côté pour préparer ton attaque circulaire.

Tu fais un mouvement circulaire avec ta main gauche pour frapper en face de toi au niveau du cou avec le tranchant de la main.

Tu peux faire cette attaque avec l'autre bras.

Équipement en compétition combat

Lors des combats, les pratiquants se voient imposer de nombreux éléments de protections. Le casque de protection protège correctement la tête du taekwondoïste, il doit être parfaitement ajusté pour amortir efficacement les coups. Il faut également porter un plastron soit de couleur bleu (CHONG) ou rouge (HONG) qui protège le buste des combattants.

Évidemment, le protège-dents est comme dans tous les sports combat clairement indispensable. Il ne protège pas seulement les dents, mais aussi la langue ou la joue qu'on peut très facilement se mordre.

Il faut également des protège-avant-bras qui vont servir à contrer les jambes sans se faire mal et des protège-tibias pour éviter les mauvais chocs jambe contre jambe. vous avez aussi des mitaines pour protéger les mains et les pitaines pour protéger le dessus du pieds

Enfin, la coquille qui va permettre de protéger autant que possible les parties génitales des messieurs mais aussi des dames.

Le taekwondo est un sport de contact, mais toutes les mesures sont prises pour être bien protégés au maximum.

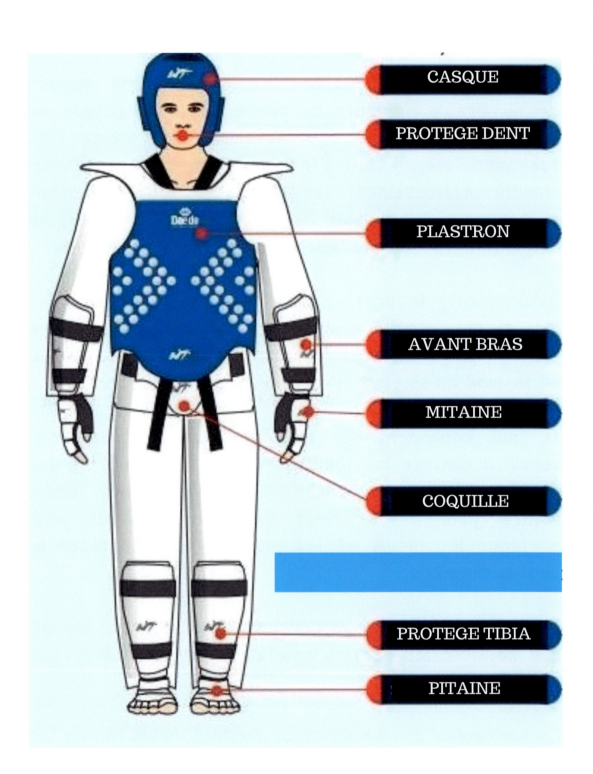

Les techniques de combat au taekwondo

Contrairement à certaines idées reçues, notamment à cause des règles en compétition, on utilise les jambes mais aussi les bras.

En revanche en compétition, de nombreuses techniques ne sont pas autorisées. Il est notamment interdit de frapper le visage avec les poings ou encore de donner des coups de pieds en dessous de la ceinture.

LE POOMSE

Les Poomses avec les kibons sont les bases de la discipline du Taekwondo, c'est là où les différentes techniques d'attaques et de défenses se trouvent.

Chaque poomse débute et se termine par la position Tchalyeut seugui,
suivie du salut Kyongnyé .

Chaque poomse à son propre nom, celui-ci est annoncé à haute voix par vous même ou par le maître.

Chaque poomse possède son propre rythme en rapport avec les différents enchaînements.

En règle générale, un blocage est suivi d'une contre-attaque.

Les grades

Comme dans de nombreux arts martiaux, la progression d'un pratiquant est caractérisée par la couleur de sa ceinture, mais surtout par des paliers que l'on nomme Keup et il faut apprendre des poomses. On débute avec une ceinture blanche 15e Keup pour les enfants et 10e Keup pour les adultes. Il y a ensuite les grades suivant :

Pour les enfants

14e Keup : Ceinture jaune
13e Keup : Ceinture jaune avec barrette orange
12e Keup : Ceinture orange
11e Keup : Ceinture orange avec barrette verte
10e Keup : Ceinture verte
9e Keup : Ceinture verte avec barrette violette
8e Keup : Ceinture violette
7e Keup : Ceinture violette avec barrette bleue
6e Keup : Ceinture bleue
5e Keup : Ceinture bleue avec barrette rouge
4e Keup : Ceinture bleue avec deux barrettes rouges
3e Keup : Ceinture rouge
2e Keup : Ceinture rouge avec barrette noire
1er Keup : Ceinture rouge avec deux barrettes noires

Pour les adultes

9e Keup : Ceinture jaune
8e Keup ; Ceinture jaune avec barrette bleue
7e Keup : Ceinture jaune avec deux barrettes bleues
6e Keup : Ceinture bleue
5e Keup : Ceinture bleue avec une barrette rouge
4e Keup : Ceinture bleue avec deux barrettes rouges
3e Keup : Ceinture rouge
2e Keup : Ceinture rouge avec une barrette noire
1er Keup : Ceinture rouge avec deux barrettes noires

TAEGEUK IL JANG :
Le Ciel (Sud, Père)

Taegeuk 1 Jang représente le symbole de " Keon " , l'un des 8 Kwaes (signes divinatoires), qui signifie le ciel et «yang». Comme le " Keon " symbolise le début de la création de toutes choses dans l'univers, il en va de même pour Taegeuk 1 jang en ce qui concerne la pratique du Taekwondo. Ce poomse est caractérisé par sa facilité, en grande partie constitué de positions de marche et de mouvements de base

TAEGEUK YI JANG :
Le Lac (Sud Est, Jeune fille)

Taegeuk 2 Jang symbolise le " Tae ", l'un des 8 Kwaes (signes divinatoires), qui signifie la fermeté intérieure et la douceur extérieure.

TAEGEUK SAM JANG :
Le Feu (Est, Seconde fille)

Taegeuk 3 Jang symbolise le " Ree ", l'un des 8 Kwaes (signes divinatoires), qui représente "chaleur et lumière". Il encourage les pratiquants à se forger un sens de la justice et mettre du cœur dans leur formation. Une réalisation réussie de ce poomse donnera aux élèves une promotion vers une ceinture bleue. Ce poomse est caractérisé par des blocages enchaînés avec des frappes des poings et des pieds. L'accent est mis sur les contre-attaques.

TAEGEUK SA JANG :
Le Tonnerre (Nord Est, Fils aîné)

Taegeuk 4 Jang symbolise le » Jin « , l'un des 8 Kwaes (signes divinatoires), qui représente le tonnerre et qui signifie une grande puissance et la dignité. Il est caractérisé par différents mouvements ayant pour objectifs de préparer le pratiquant au Kyorugi.

TAEGEUK OH JANG :
Le Vent (Sud Ouest, Fille aînée)

Taegeuk 5 Jang symbolise le «Fils», l'un des 8 Kwaes (signes divinatoires), qui représente le vent, ce qui signifie à la fois la puissance et le calme en fonction de son intensité.

TAEGEUK YOUK JANG :
L'Eau (Ouest, Second fils)

Taegeuk 6 Jang symbolise le "Kam" , l'un des 8 Kwaes (signes divinatoires), qui représente l'eau et qui signifie le flot incessant et la douceur.

TAEGEUK TCHIL JANG :
La Montagne (Nord Ouest, Jeune fils)

Taegeuk 7 Jang symbolise le " Kan ", l'un des 8 Kwaes (signes divinatoires), qui représente la montagne et qui signifie la lourdeur et la fermeté.

TAEGEUK PAL JANG :
La Terre (Nord, Mère)

Taegeuk 8 Jang symbolise le " Kon ", l'un des 8 Kwaes (signes divinatoires), qui représente «Yin» et la terre , ce qui signifie la racine et le règlement ainsi que le début et la fin . Il s'agit du dernier des 8 poomsaes Taegeuk , il peut permettre aux pratiquants de se présenter au passage du 1er Dan (ceinture noire). L'accent doit être mis sur la précision des transitions et la différence entre le coup de pied sauté.

CRITÈRES DES JUGES :

Lorsque tu éxécutes un poomsé le jury observe :

- La maîtrise
- La puissance
- Le rythme
- L'équilibre
- Le respect des techniques
- Le respect du diagramme
- La respiration
- La concentration
- Le regard

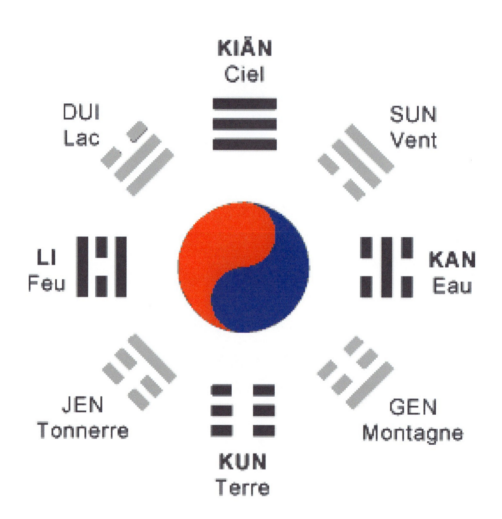

Printed in France by Amazon
Brétigny-sur-Orge, FR